UN POETA
DORMIDO

UN POETA DORMIDO

Lincol Damian Peña

Copyright © 2012 por Lincol Damian Peña.

ISBN: Tapa Blanda   978-1-4633-2284-7

Todos los derechos reservados. Ninguna parte de este libro puede
ser reproducida o transmitida de cualquier forma o por cualquier
medio, electrónico o mecánico, incluyendo fotocopia, grabación,
o por cualquier sistema de almacenamiento y recuperación, sin
permiso escrito del propietario del copyright.

Las opiniones expresadas en este trabajo son exclusivas del autor y
no reflejan necesariamente las opiniones del editor. La editorial se
exime de cualquier responsabilidad derivadas de los mismos.

Este Libro fue impreso en los Estados Unidos de América.

**Para pedidos de copias adicionales de este libro,
por favor contacte con:**
Palibrio
1663 Liberty Drive
Suite 200
Bloomington, IN 47403
Llamadas desde los EE.UU. 877.407.5847
Llamadas internacionales +1.812.671.9757
Fax: +1.812.355.1576
ventas@palibrio.com
382871

Índice

DEDICATORIA

A Mi familia

Que a sido el motor de arranque en mi corta vida, con sus actos de amor han sustentado el porvenir de un nuevo espíritu emprendedor, luchador y fundamentado en la filosofía de nunca darse por vencido al perseguir nuestros sueños.

A LA MEMORIA DE ESA VIEJECITA QUE NUNCA DEJÓ SUS GANAS DE VIVIR Y SONRIÓ SIEMPRE, SIN IMPORTAR LO DIFICIL QUE FUESEN LOS TIEMPOS, A ELLA QUIEN ME ENSEÑÓ A VIVIR.....
MI MADRE

Prólogo

Pese a la continua carencia de valores con los que la sociedad actual se encuentra, nace un libro de las entrañas más profundas de un poeta dormido, quien inspirado por los distintos y polifacéticos tiempos en los que vivimos, he dicidido crear una pauta ante la sociedad convirtiéndose en una figura diferente en un lugar diferente, el poemario de genero romántico que se presenta lleva impregnado en sus hojas la inspiración de un corazón hecho letras, enfrascando los sentimientos desde muchos ángulos de la vida, desde la decepción, admiración, alegría, tristeza, y entusiasmo, dando así un toque más cautivador a la obra de la que mucho esmero he dispuesto compartir, llenando así aunque sea por un momento esos corazones de melancolía, que es el impulsor del nacimiento de muchos sentimientos en nuestras vidas, el objetivo primordial es hacer despertar en cada lector un nuevo sentimiento oculto en ellos, hacer saber que el arte de la poesía es el más maravilloso al hacer desnudarnos el corazón de tal manera que el mundo sepa que siempre que haya amor habrá humanidad.

Biografía

Lincol Damián Peña Pinto, nacido en el mes de julio de 1987 en el departamento de Ocotepeque, Honduras, C.A., lugar fronterizo con las hermanas Repúblicas de El Salvador y Guatemala.- quien a temprana edad es atraído por la apasionante vida literaria, a sus doce años ya tenía entre sus libros leídos a muchos autores poéticos reconocidos, buscando en ellos encontrar el camino del romanticismo practicando y profundizando más en este género literario, su formación profesional fue clave base en su interés, cursando el ciclo común y la profesión de maestro de educación primaria en las aulas de la antes llamada Escuela Normal Mixta "Prof.: Miguel Ángel Chinchilla Solís" del departamento de Ocotepeque.

Debido a la estrechez económica con la que su familia contaba se ve obligado a abandonar sus estudios superiores para dedicarse a trabajar, pocos años después su madre enferma de cáncer, causándole una perdida irreversible, acontecimiento que marca profundamente su vida hundiéndolo en una atmosfera de tristeza, no obstante sigue adelante sin retroceder en el camino para realizar sus sueños, escribiendo y describiendo acciones subjetivas de su mundo interno, finalmente se encamina firmemente a costa de todo en cumplir su más grande ideal al editar su primer libro de poesía romántica, titulado : UN POETA DORMIDO.......actualmente se encuentra en su querido pueblo natal al cual le guarda un profundo amor ya que es allí donde ha aprendido a darle más realce a su inspiración debido a los distintos momentos y sentimientos que ha vivido, despertando cada día nuevos sentimientos para su inspiración.- Dejando muy en claro que mientras haya vida seguirá en busca de su siguiente sueño a alcanzar.

Soñarte Mia

Anoche te soñé mía, solo mía.
Y entre sueño y sueño no pude despertar
Fingiendo, de mí ser muy querida
Cansado mi cerebro de entre tanto trajinar

Te soñé tan tibia al meditar
Sin poder tus sentimientos expresar
Que sueño más lindo el de ese día
Pensando que jamás despertaría

Si supieras amor mío
Todo lo que mi corazón te ha querido
Que sentí tan real este sueño
En el cual yo era tu único dueño

Y que cosa tan horrible al despertar
Haber tenido que mis sueños derrumbar
Pero tenía que entrar en razón
Que ya era otro día que daba un nuevo son

Y hoy nuevamente espero soñarte
Igual en mis brazos tenerte
Y acariciarte nuevamente
Aunque sean solo delirios de mi mente.

CUANDO ESTOY CONTIGO

Cuando estoy contigo mi mente no piensa,
Mi vista se empaña,
Mi corazón se para,
Y mi respiración se agita

Cuán grande es mi amor por ti
A tal grado de alterar mis sentidos,
Y todavía dudas de este amor
Puro y sincero que por ti siento

Y así me arrebaten el corazón
Aun te amare porque lo que siento
Es intangible y casi sobrenatural
Tanto como para no poder describirlo

Ha! Pero tú sabes cuán grande es
Sabes porque? Porque lo has sentido
Con la misma intensidad que te lo ofrezco
Sientes como mi amor perfora tus poros

Y lleno tus sueños por las noches
Tus minutos en los días
Y un suave susurro llegara a tu oído
Cuando al despertar te darás cuenta que es
Mi alma que no te deja
Ni un tan solo segundo.

Un Poeta Dormido

Un poeta dormido,
es diamante que nunca se vio
Es ave que nunca voló
Es pluma que nunca se utilizo
Es amor que nunca sintió

Un poeta dormido,
Es calor que nunca abrigo
Es la vida que nunca se dio
Es abrazo que no se percibió
Es beso que no se presento

Un poeta dormido
Es sentimiento que no se escribió
Es papel que no se utilizo
Es amor que no se imprimió
Es afán que no se desboco

Un poeta dormido,
Es lo que en su ser, vivió
Hasta el día que en el horizonte diviso
Y sin importar todo se expresó,
Y así, su propio ser cautivo

Un poeta dormido,
Es arte para el desperdicio
Un poeta dormido,
Es lo que en el pasado se extinguió.

Luna

Noche de luna infinita
Noche de eterno romance
Que vestido luces para verte bonita
Y que seguridad para que no haya percance

Todos los amantes te miran
Se deleitan con tu estilo,
Los cautos de ti no se fían
Más los que saben amar están en jubilo

Es por ti que muchos se inspiran
En la dulce luz que tú reflejas
Y tus rayos las tristezas retiran
Y las alegrías rebosan perplejas

Dame tu mano de plata
Mano que llega a todos los rincones
Hazme un escudo de pura hojalata,
Y has que mis ojos de tu luz
Se vuelvan panzones.

Sufro, Sufro Por Dentro

En un instante todo pasa por mi mente
Cualquiera diría que estoy ausente
Pero muy dentro de mí y con mirada fija
Pienso en algo muy duro que el futuro, cobija

Nadie sabe lo que siento
Ni las personas que más presiento
Pero muy dentro mi alma se desgarra
Y hay un sentimiento que mis ojos amarra

Cierro mis ojos y fuerza a Dios le pido
Ya que con tanto problema me siento estúpido
Noche y día quisiera estar en tu lugar
Pero el sol no se tapa con el pulgar

Como quisiera madre mía poder detener el tiempo
Pero es como sentir que a oscuras tiento
Al no poder hacer nada al verte partir,
Que hasta el corazón me troce por ti

Te vas para siempre de este mundo
Corroído, feo y nauseabundo
Pero te quedas dentro de aquellos corazones
Que con tu amor maternal formaste a empujones.

Sufriste como nadie en este mundo
Pero todo te será recompensado,
Cuando frente a nuestro Dios
El mismo te dé la bienvenida al cielo
Esperándote en la entrada con blanco pañuelo

Nunca te vi llorar a pesar del dolor,
Y siempre imaginaba como debería ser ese ardor
Te admiro madre mía
Al mantenerte ante tal situación con apatía.

Te Quiero Mia

Como explicar mi triste agonía
Si toda mi vida parece una ironía
Deseando tenerte en mis brazos
A cada segundo de mi vida

No concreto mis pensamientos taciturnos
Y ya por ellos me he vuelto un nocturno
Velando tus sueños
Y encontrándolos muy oportunos

Y en ellos te veo tan real pero imaginable
Me pides que te acaricie muy amable
Como desearía que todo eso fuera real
Para que dejaras de ser, a mí, menos deseable

Me revuelvo en mis sucios pensamientos
Que hasta llego a pensar que son mis mejores
     pasatiempos
Y no quiero verme como un idiota
Solo quiero que me des de la esperanza sus alientos

Si un día decides formar parte de mi ser
Con todo gusto te convierto en mi bella mujer
Con honor de grandeza
Te llevo a la iglesia
Y así con bendición de Dios ver nuestros
Hijos nacer...

Y ¿Por Qué Llorar?

Y veo como otros sufren,
Y veo como otros lloran,
Y veo como tantos se quejan de su vida,
Ahogándose en sus tristes desaires

Y me pregunto si alguna vez todos,
Quisieran tener mi dicha,
Y no dejar que el sufrimiento invada,
Y no dejar que el llanto brote

Como quisiera enseñarle al mundo a ser feliz
Dejar que mis sentimientos,
También sean los suyos,
Para no ver en cada rostro esa impotencia

Ayayay! Mundo ingrato que eres verdugo
y tantas otras veces, juez!
con que furia te revelas contra
el pecado original de los humanos

Pero un día todos aprenderán
que sentirse derrotados también es un pecado
el pecado más grande del mundo
Porque todos fuimos dotados de fuerza,

Dios da la fuerza y nunca la quita
Hoy solo pienso!
Si Dios está conmigo ¿Por qué llorar?

Gota Melancólica

En mi oído interno, hay algo que resuena más que su
nombre a esta hora de la noche, con más atención
descubro que es una gota de agua cayendo al vacío
sin tener más futuro que encontrarse con las que
anteriormente a ella, también cayeron más sin embargo
en mi mente su lindo rostro no se esfuma, por más que
intente desligarlo de mi insomnio, creo que al igual
que a esa gota su ser va cayendo de a poco sobre mi
pensamiento, y un día de tantos no podre soportar
tanta angustia para decirle cuanto me fascina, a tal
grado de mantenerme despierto velando sus sueños,
Ho! Triste gota de agua que al compás del silencio de
la noche se une para dar serenata a este pobre bardo,
que no hace otra cosa que encontrar lo sublime de la
vida para dárselo en un humilde pero muy inspirador
mensaje a la mujer que ha de robar mis sueños por
largas noches de mi existir.

CUANDO MUERA

Mi figura yacente entre cuatro maderos
Sin más soltura que para mis brazos
Allí helado, en calma, oponente a la vida,
Y de una vez por todas la esperanza perdida

Gélido de los pies a la cabeza
La superficie con un aire de aspereza,
Ojos rodean mi rostro sin hallar consuelo,
Preguntándose porque me fui mozuelo

Alguien rompiendo el duelo de la noche,
Habla sin pensar en, algún reproche,
Acerca de mi intransigente voluntad,
Si podrían cumplirla con bondad

Posarme en las entrañas
Sin andar con tantas marañas
De la madre tierra, si allí muy hondo
De tres metros del hoyo el fondo

Sin más ni más, todos deciden,
Y el día llegado de mí se despiden,
Sabiendo que un día con mi corazón los ame,
Ignorando que ya muerto en mi alma los llevare

MI DIOS

Dios que con tanta bondad has dado mi vida,
Y a pesar de muchos errores no la tengo perdida,
En cambio la amo con todas las fuerzas,
En ningún momento las he dejado dispersas

En los momentos de angustia y desolación
Elevo con mis fuerzas una oración
Te siento tan cerca de mí
Y así los problemas suprimí

Cuán grande es tu bonanza,
Y de ello siempre saco una esperanza,
Que por mis pecados moriste,
Y por ello mi alma de perdón se viste

Con humilde retribución
Algo bueno hago, en acción,
Para no ser un ingrato,
Y así recompensar tu buen trato

Hoy yo soy testigo fiel de tu amor,
Ya que por ti la vida miro de color,
Me siento el más afortunado de los hombres,
Y mi alma has guardado en el mejor lugar de tus cofres.

Y Te Busqué

Y te busque en los mares,
Y te busque en las montañas,
Y te busque en los ríos,
Y en ningún lado te pude encontrar

Donde estas amor mío
Donde te has metido, en que confín te hallas
Allá, donde hace mucho frio,

Dime de que huyes
¿Del amor?..... ¿Es que acaso no es lindo?
Por más que intento no puedo,
Encontrar sosiego si no te tengo

Te marchaste sin decir adiós
Ni un aliento, ni un suspiro,
Hasta de lo absurdo que hoy me miro,
A solas yo me rio

Y te seguiré buscando,
Y te seguiré queriendo,
Y te seguiré esperando,
Hasta que un día mi corazón se de por vencido

No Te Conoceré

Bella fue la historia que juntos compartimos,
Más sin gloria queda el futuro,
Que no nos acompañara,
Yo te quise, tu a mí también, Pero.....

Es tan triste despedirnos,
Si un adiós presente no está
Entre dos cariños que se quieren,
Pero hablar no pueden más

Todo fue tan triste, no hay para dudar,
Un tan solo augurio es todo
Lo que necesito,
Para nunca vacilar....
Hoy ya no te quiero, no lo debo ni pensar,
Amararme a ti no puedo,
Porque mi corazón hace tiempo,
Que tiene en otras partes sus ruegos

Algo indica que a ti un nudo, agita con crueldad,
Las entrañas que con gusto
Yo te hice despertar,

Y sin embargo sigo, encallado
A mi maldita idea,
Qué tanto no puedo, durar....

Se encamina mi destino,
Hacia la lúgubre profecía,
Hasta nunca, descendencia
Hasta aquí llegan mis días.

BENDITAS MANOS

Quién en tus manos puso la inteligencia, el don y la facultad para que con ellas fuésemos felices? Benditas manos guiadas por nuestro redentor, cuando cada vez que con ellas curas está presente la santa mano milagrosa de nuestro DIOS supremo el cual rige cada uno de los segundos de nuestras vidas._ que plena satisfacción debe sentir un corazón al saber que gracias a el, también otros corazones laten en este mundo, imagino el mismo poblado de seres como tú, pleno de amor, gracia, seguridad, bondad.....que hermoso fuese!

Porque luchar y existir cada segundo que pasa es una gota de vida que DIOS nos da, pero que impresionante darse cuenta que existen personas que son como cuentagotas y a través de ellas nuestras vidas se alargan dándonos la oportunidad de rendir el mayor homenaje a esa persona que DIOS elige para hacer su santa voluntad,

bendito seas por el resto de tu vida, que cada día que pase tu corazón rebose de alegría y felicidad al saber que por tu sagrada sabiduría existiremos personas que viviremos eternamente agradecidas con tu persona por tu tenas labor en la vida de muchas almas que gracias a ti aun caminan la senda, nunca olvidando que por tus benditas manos hoy pueden ver el futuro, fija tu mirada de frente y pídele a DIOS que cada vez que entres al quirófano tus guantes sean su piel, tu bisturí sea su palabra y tu sabiduría su bendición.

ALMAS SEPARADAS

Cuánto es lo que daría vida mía
Por estar a tu lado, por estar a tu lado
Cada instante de mi día
Para así poderte acariciar todo tu cuerpo

Decirte suavemente al oído
Cuanto te amo
Aprisionar fuertemente tu mano
Y poder en un suspiro llevarte
A un lugar que solo nosotros conocemos

Ho...¡vida mía que dichosas
Aquellas almas que se tienen
Todo el día ¡que dichosas!

Si yo tuviera esa dicha
Sería más mágico este amor
Porque si te tengo solo unos momentos
Imagina toda una vida junto a ti

Llenaría de amor tu pecho
Tanto que hasta el mismo
Cielo suspiraría de amor
Por estas dos almas impuras.

Sediento De Ti

Vida mía si tan solo pudiera ser tu almohada
Llenaría de sueños tus momentos
Esos momentos donde verdaderamente
Eres tú misma sin prejuicios

Si tan solo pudiera ser las sabanas
Que acobijan tus suaves muslos
Llenaría de amor eso.... Si eso,
A lo que todos llaman prohibido

Si en este momento pudiera estar contigo
Y sin barreras tocar tu cuerpo
Seria cual poeta con su pluma
Y arte sobre su cuaderno.
Hazme tuya dirías sin vacilar
Y yo te haría el amor
Hasta que tus ansias....
No persistan más que un desahogo.

Es por esos deseos vida mía
Que hoy soy un loco perdido
Y sin sosiego por esos
Labios más excitantes que los lirios.

Distancia Maldita

Que distancia más maldita
La que hoy nos separa
En que horizonte más lejano
Puedo ver tu amor.

Solo una cosa hoy te pido amor mío
Que si hoy llueve sobre este amor
Nunca olvides que yo siempre seré
La toalla que seque las angustias de dolor

Nunca mires hacia atrás
Porque las cosas pasadas
Allá se quedan y nunca......
Nunca olvides que lo que vives es lo que importa

Sueña y vive este amor eterno
Que hoy te brindo sin medida
Tómalo y has lo que quieras con el

Me he puesto en tus manos como
Cual títere a su titiritero
Mueve como quieras
Que mi vida es verbo solo si tú así lo decides

No permitas nunca que mis ansias
De amarte se esfumen
Allá donde el corazón no sabe amar.

GANAS DE TI

Esta noche tengo ganas de ti
De tocar y acariciar tú lindo cuerpo
De rozar mis manos con tu delicada piel
Y frotarnos los cuerpos sin parar

Pero algo me lo impide,
Algo que no podemos combatir
Eso que nos afecta y nos destruye
Cada día de nuestro existir

Y que puedo yo hacer con un enemigo así?
Es como luchar contra nadie
Es querer ver las moléculas del agua
Cuando solo podemos ver al agua como un todo

Pero este fuego que me quema
Muy dentro del corazón
Hasta llegar más allá de la razón
Por amarte como te amo.

Un día de estos te tendré
Y serás solo mía
Y en ese preciso día
Y suavemente te diré al oído
¡Tengo ganas de ti!

Penas En El Alma

Que noche tan sombría,
Que dolor socaba mi alma,
Que impaciencia y coraje
Llena mi mente de locura

Será acaso esto la venganza
O será el odio apoderándose de mí
De entre las dos la primera prefiero,
Que pálida se encuentra mi vida después de tanto esperar

A este momento ya no le encuentro el gusto
De poder disfrutar, no una desgracia no,
Ho ¡Dios todo poderoso
Hoy he comprendido que solo tuya es la venganza

De los hombres nunca debe ser
No puedo decir que me alegro
Aunque así lo disfrute

Hoy con mis sentimientos en las manos
Digo una y otra vez, no odies a quien un día te odio
Ama y te amaran.

¿Eres Mia?

En noches como estas donde mi alma resucita de nostalgia donde la noche es más fría que de costumbre, ¡Si! En estos días es cuando mi alma se vuelve inquieta por arder entre la enramada de una nueva pasión queriendo ser el dueño del mundo cuando en realidad no soy dueño ni de mi propia vida.-

He querido encontrar en aquellos ojos angelicales el amor que en ti murió pero al despertar de ese sueño me doy cuenta que son fantasía e ilusión, cosas sin sentido y allí es donde explota el éxtasis de mi depresión, Aunque pasen mil noches como estas, pensare que eres para mí, aunque la razón me diga y explique lo contrario y hasta que la fe me quite la esperanza de tenerte en mis brazos, hasta ese día moriré de tristeza y de dolor.

Y si Dios decide castigarme con la cruel desdicha de verte lejos, ese día por lo más sagrado de mi vida te juro que me corto las venas.

Sed De Amor

Ho! Que hago Dios mío
Estoy entre la espada y la pared
En qué momento entre a este lío
En el cual el amor es mi sed

¿Porque? No encuentro sosiego
¿Porque? Estoy en un trajinar
Más bien parezco ciego
Sin su bastón no poder caminar

¿Pero en realidad que es esto?
Que no me deja meditar
De la pasión el resto
Que todavía toca cavilar

Yo siempre fui libre sin parar
No sé porque hoy no puedo ni mirar
Tan tranquila la gente suspirar

Dios dame fuerzas para esto terminar
Entre una y otra reparar
Lo bueno y malo que me puedan brindar.

Canta, Danza Corazon

Esta noche entre tanto poemar y poemar
Descubrí que mi corazón puede cantar
Y entre tanto poemar y cantar
Descubrí también que de alegría puede danzar

Que dicha más inmensa es poder rebuscar
Las cosas que te pueden causar
Tantas alegrías en el alma
Y en tu porvenir mucha calma.

No soy un poeta no soy un trovador
De algo estoy seguro querido lector
Que cuando leas todo esto
Ya jamás te sentirás molesto

Porque te sentirás contento
De formar parte del elenco
A los que nos sonríe el corazón
Aunque no tengamos la razón

Y entre tanto poemar, cantar y danzar
Serás bucanero de altamar
En los mares infinitos del buen poemar

Ay! Mujer

Ella se peinaba sus cabellos
Alborotados de sentir la suave brisa
Y era esclava de ojos aquellos
Que solo a ella miraban por la cornisa

El quiso ser su dueño
Más no sabía que esa mujer tan bella
No podía ser suya ni en sueño
Hasta ver truncada la dulce querella

Ella se bañaba con rayos de luna
Al lado de su siempre amado,
Sin saber que el amor del pobre bardo estaba en cuna,
Que al ver aquella escena se siento timado

El por ella hasta pensó matarse
Más por un momento reflexiono
Nunca por una mujer doblegarse
Si es culpable de tanto dolor que ocasiono

Y ahora ella vive infeliz y desgraciada
Con cuatro niños sin alimentar
Por haber cometido la trastada
Con un incorrecto llegarse a casar.

Quiero Ser

Quiero poder ser el libro que
Ojeas entre tus manos, las letras
Que recorres con tu vista
Y llegar así hasta tu mente
En cada una de las frases
Que se tornan elocuentes.

Tu! Por la que vivo, por la que sufro
Tu! la que en ningún momento puedo
Sacar de mi mente por el simple
Hecho de ser como eres

Trato de encontrar la palabra
Que te defina, reflejada en las estrellas
Y mientras las busco solo podre mirarte
A los ojos y darte gracias por tu amor.

Hoy entre tanto querer ser quien
Siempre he deseado
Solo puedo pedirle al cielo
Ser para ti,........... Lo que soy!

Querida Noche

De noche cuando pongo mis sienes
Sobre mi almohada pido a dios
Soñar contigo y parece que siempre
Me escucha porque en todo momento
Estas presente a lo largo de mi modorra

Que melancolía invade mi corazón,
Que amor carcome mi vida,
Siento morir por no poder
Decírselo a la cara y darte un
Beso vehemente

Noche trémula, noche infame
¿Porque torturas un corazón de tal manera?
¿Porque lo azotas con melancolía?
Que dura paliza rindes a sus venas
Y sin embargo quiero confesar que me gusta,
Si! Me gusta sentirme así
No es pesimismo
Mucho menos masoquismo

Simplemente quiero que me manipules
Bello amor, tómame, si tómame
Como la mano al lápiz
Escribe tu vida con mi vida
Vívela y déjame vivirla junto a ti.

Gotas De Amor

Gotas de agua percuten mi techo
Esta lluvia me suena a sinfonía
Y si tan solo supieras
Que con tu solo recuerdo
También gotas de amor
Golpean mi corazón

Y ahora yo no puedo ser yo
Si no estas tú
Porque tu eres yo, vida mía
Y juntos somos uno solo
Y uno solo es todo
Lo que necesitamos para vivir

TRISTE VIVIR

Sentí mi corazón en pedazos
No es fácil, más difícil para un corazón
Tan sensible como el mío
¿Pero y qué hacer?

cuando todo se viene de bruces
hacia mi, cuando todo golpea
frente a mis esperanzas
de ser alguien en la vida

yo no soporto verme así,
casi derrotado frente a la vida
sin ánimos y esperanza de nada
todo se derrumba frente a mí

Y hoy no hago otra cosa
Que pedirle a Dios y a la vida
Que ambos se apiaden de mí existir
Y de una vez por todas me despojen
De este mundo ingrato.

Llorarás

Como un corcel corría tras tus pasos
Derecho y sonriente frente a la vida,
Deseando noche a noche tus abrazos
Y así dulcemente al oído llamarte mi querida

Todo fue lindo en ese tiempo
Todo dulzura, todo amor y toda caricia
Hoy de haber actuado así mucho me arrepiento
Ya que jamás de tu amor recibí primicias

Ahora me pregunto noche a noche ¿Qué paso?
Si te di de todo sin medida,
Ahora el destino este camino me trazo
Dejando en mi corazón una honda herida

Hoy me arrepiento de darte tanto amor
Más algún día recordaras
Que esclavo no seré del dolor
Y en tu conciencia de remordimiento ¡lloraras!

CAMBIAME

Hálame las trenzas del corazón
Corre derecho sin medida,
Litros de ti siento dentro de mí
Roja e incandescente al tenerte frente a mi

Acelera mi respiración sin tregua
Tiritando pero no de frio,
Verte frente a mí me supone ser
Cobarde al no poder concentrarme

Has de mi vida más regida
Por las leyes del corazón,
Has en mi cada día
Un hombre con valor

Dime suavemente al oído
Que todo será como tú quieras,
Déjame pararme en el aire
Déjame respirar el agua

has que vuele dentro del agua
y que navegue en el aire
Déjame correr sin prisa
y déjame querida.... Ser yo mismo.

QUERIENDO AMOR

Se desatan en mí los pensamientos
En esta noche tibia y tenue
Como dejar de no pensar en todos?
Cuando todos no piensan en mi

Flotan y se mezclan en mi mente
Muchos y diversos pensamientos
Desde mi niñez hasta mi vejez
Desde lo que fui hasta lo que soy

Pienso en todo, todo lo que me rodea
Pero muchas preguntas vagan en mi mente
Quién? Cómo? Cuando? Piensa en mí!
Si me siento tan solo en este umbral

Urgente agonía de amor golpea mi alma
Deseando un beso de........ Quien sea
Todo por sentirme amado y amar

Qué triste vejes acobija mi vida
Encerrado en la vil penumbra de mi habitación,
Deseando un poco de atención
Atención, que solo mi ser proporciona.

Instrumento De Amor

Toca las teclas de mi corazón
Compone con mi vida una canción,
Sopla la corneta de mi alma
Tócala sin prisa y con calma

Roza las cuerdas de tu amor y el mío
Conformando de los dos un trió
Que aunque suene ilógico
Para nuestras almas jamás será irónico

Has que lo holgado de mi amor
Se vuelva en tu vida un fagot
Y como si fuera de la matraca un rotor
Se fundan en mi alma en buen favor

Pulsa una cuerda y saldrá de mí
Un RE-te quiero por ti
Pulsa una tecla en mi aliento
Y saldrá...LA-pasión que por ti siento

Al final te daré una sinfonía
De amor y completa armonía,
Y tu ser dará cuenta
Que en mi vive de amor una orquesta.

VIL TRAICION

Suavemente sentía como te llevaba a la cama, acariciando tu cuerpo lentamente, sintiendo desde tus pies hasta la última hebra de tus delicados cabellos, mis manos se ajustaban a ti con tal fuerza como mi deseo lo permitía y en un paso de mi oído sobre tu boca me cercioré que tanto de mi pasión disfrutabas, era como si mi cuerpo al tuyo fusionara, ya mis manos resbalaban de donde quisiera sostenerlas porque el frenesí había mojado las ansias de sentir tu alma en unos simples segundos de satisfacción, y cuando todo parecía ser perfecto súbitamente una culpa carcomió tanta pasión, era la culpa de la traición que estábamos llevando a cabo por culpa de nuestros hechos sin premeditar que consecuencias tendrían en nuestras personas más queridas.

DUDA DE AMOR

Hoy una duda aqueja mi alma
Lo cual me hace quedar sin calma
Es la duda de tu gran amor
Que dices día a día llenar con color

Sin embargo hay algo dentro de mí
Que me hace dudar de ti
Acerca de lo que sientes
Sin aun estar presente

No sé porque razón no puedo creer
Pero en tus ojos raramente puedo ver
Si dices completamente la verdad
O simplemente es una vil crueldad

Y a pesar del tiempo que ha pasado
La respuesta a mis preguntas no he completado,
Quisiera algún día muy cercano
Poder encontrar ese camino

El camino de la verdad segura
Que para mi será una cura,
Si en verdad todo lo que sientes
No sea necesario verlo con lentes.

TE AMO

Que quisiera decir mi corazón,
Cuando te tengo, si cada vez
Que te veo mi corazón palpita
con tal intensidad que de mi
boca lo único que sale son
suspiros que nublan mi razón

y cuando te pienso en las
horas de mis más profundas melancolías,
siento morir de tristeza al no saber
donde estás? Y si en verdad
piensas en mi como dices que lo haces,
dulce princesa de mis sueños

cuanto daría por tenerte en mis
brazos en estos momentos que
mi alma se siente inquieta,
y deseosa de amor, pero me encuentro
con la cruda realidad que solo
puedo soñarte junto a mí,

que irónico es mi amor por ti
cuando estas lejos a mi mente vienen,
muchas cosas que decirte a los ojos
y cuando se me presenta la oportunidad
mi corazón solo puede decir: TE AMO!

Vago Recuerdo

Vuelves y apareces en las olas de mis recuerdos,
Como una pequeña flama que no se extingue,
Que permanece allí pero a la vez,
No se siente su calor

Hoy! Sabes, por primera vez me di cuenta
Cuanto de mí amor perdiste
Ya que al querer recordar la fecha
De tu cumpleaños, no supe contestarme,

Que insólito no crees?
Después que hasta los días de
La descamación de tu endometrio llevaba
en mi mente con mucha atención,

Que nos pasó?
Donde quedo todo nuestro amor,
Ese amor puro y sincero que nos prometimos,
Jamás, jamás me lo explicare

Porque ya tú en mi vida,
Porque ya tú en mi mente,
Porque ya tú en mi subconsciente,
Eres tan solo un vago recuerdo.

Infame Sorpresa

Como un tierno zafiro lleno de amor
Veía tus manos a la luz del sol,
Quise tomarla con un toque de sazón
Para sentirlas muy mías dulce corazón

Tu fija mirada hablaba sin que tus
Labios hacia mi voltearan
Queriendo a gritos decirme:
De ti quiero ser la más amada,

Cuando después de un lapso de tiempo
Y después de tanto cavilar
Con mis manos cerradas al calor del sol
Pero el corazón abierto al frio de tus ojos

Me dispuse, a hablarte
Y cuando a tu mesa estaba
a punto de llegar
la más grande de las sorpresas me pude llevar,
lo que en tu mano brillaba
no era una simple ilusión
era el blasón de aquel
único dueño de tu corazón,

disponía alejarme cuando a mi oído
llego como sinfonía de trompeta
su dulce voz angelical,
no te alejes escuche....

Sentí estremecer todo mi cuerpo,
Pero sin ningún vilipendio hacia su invitación
Me sentí tan cómodo al verla a los ojos,
Como todo un consorte

Te invito una copa fue su segunda oración,
No puedo, conteste, con gran remordimiento

Después de un momento y poniendo
Muy en claro mi viril situación
Le dije soy tuyo
Estoy a tu completa disposición.

Sin más, ni más, me tomo de su mano
Y juntos nos fuimos hacia su fastuosa morada
Al llegar los ánimos sobrepasaban
Toda noción.

Y sin saber siquiera su nombre
Hicimos el amor antes de llegar al colchón
Después de unas horas me hice tifón
Sentí correr peligro con tal,
Angelical pero peligrosa mujer

Y hasta hoy solo recuerdos tengo
De tan atrevida mujer que en
Su brazos mi vida peligró
Con tan alocada pasión.

Rayito De Luna

Hermoso rayo de luna atraviesa
La finita oscuridad de mi cuarto
Y como saeta fugaz se clava en mis
Pupilas casi dilatadas

Que inquietud provoca ese rayo
En mi alma cuando al verlo,
Solo pienso y recuerdo tu linda
Mirada de plata

Es como si la noche quisiera contarme
Un secreto, a través de la dulce
Luna como mensajera,

Mis sentimientos se baten en lucha
Porque en mi corazón siento alegría,
Tristeza, melancolía, y amor
Por no poder tenerte cuando te tengo.

Te siento conmigo en este instante y cuando
Estoy a punto de casi tocarte
La realidad me despierta del sueño fugaz,

Cuanto daría porque fueras ese rayito
De luna y te poses sobre mí,
Para sentirte mía durante todas
Las noches de mi triste vida

Que es mucho acaso lo que pido?
Solo tenerte junto a mí
Que ese instante sea eterno
Para nunca separarme de ti

y al caer la mañana
Ese rayito se aleje de mí,
Pedirte de rodillas que me lleves
Para ya no más existir.

¡VIVIR ERES TÚ!

Amar como yo te he amado
No tiene precio dulce princesa,
Cuando en cada beso he puesto todo de mí
Y aun preguntas si te amo

Que acaso no entiendes que mis
Noches y mis días son solo tuyos
Me pides que te quiera!
Y yo te amo
Me pides que te amé!
Y yo te adoro
Me pides que te adore!
Y ahora te entrego mi alma

Has de mi lo que quieras
Pero jamás me abandones
Porque si ese día llegase
Ese día dejo de existir

Antes de conocerte pensaba
que existir era vivir
y ahora que te tengo me doy cuenta
que vivir....... Eres tú!

Eterno Momento

Anoche mientras tu cuerpo estaba muy junto al mío,
cuando la luna alumbraba el maltrecho donde nos
encontrábamos, los sapos cantaban para nosotros....
Quisimos que ese momento fuera eterno, tenernos el
uno para el otro durante todo el tiempo que dura el
amor, quedarnos tan cerca uno del otro y no pensar
más que en el momento que nos envolvía, que lindo se
siente soñar de esa manera pero que crudo es despertar
y darse cuenta de la triste realidad que agobia los
momentos más felices de mi existir, el solo hecho de
saber que cada cual tiene que caminar a donde debe,
¿porque Dios mío no permites cambiar este mundo?
Esta situación! Esta agonía!- día a día sueño poder estar
a tu lado por siempre, poder acariciar tu lindo rostro
de princesa y poder hacer eterno ese momento para ya
nunca separarme de ti, porque para mí no hay vida si
no te tengo, no hay luz si no tengo tu ser, no soy nadie
sin ti recuérdalo siempre dulce amor de mi vida.

ME ENAMORÉ

Los momentos más felices de mi vida
Siempre creí que eran aquellos
Donde sin ayuda de nadie encontraba salida
Para de los problemas sentirme libre de ellos

Hasta que te conocí un día sin querer
Y con unas simples palabras comenzó todo
Yo le dije es un placer
Y ella contesto, hola, de muy buen modo,

La vi a los ojos y en ellos pude ver
Una luz misteriosa pero linda,
Que me hizo pensar: aquí el amor va crecer,

Tantas cosas pasaron por mi mente
Y entre una de ellas era ser su dueño,
Y día a día me hice presente,
Para que un día se pudiera cumplir ese sueño

Hoy mucho tiempo a pasado
Desde aquel romántico día,
Y mi corazón extremadamente acorazado
Hoy regocija por ti amada mía.

Comedida

Y hoy deseo tus besos de plata
Los deseo como si fuesen mi agua,
Estrepitoso sentir se revuelca en mi mente
Porque mi corazón ya no soporta tanto

Como quisiera besarte, tenerte frente a mí
Aprisionar tu pecho contra el mío,
Y en un compás de latir,
El tuyo y el mío se hagan uno solo corazón

Deseo incesantemente doblegar la distancia
Que hoy atenta cruelmente mi existir
Hacer del tiempo mi compinche
Y acercarte con magia hacia mi

No puedo contarte tal deseo de desearte
No podre aun así pasen por mi más
De mil pensamientos contrarios,
Porque lo que siento es imborrable

Poco sustentables son tus respuestas
Muy comedida te muestras hacia mí,
Aunque sé porque lo haces
Y me agrada que cuides lo que sientes por mí

El Altruista

Alguien me dijo una vez
Porque a todos yo ayudaba,
Si para mi nadie obraba al revés,
Y con mis problemas solo quedaba

No lo hago por conveniencia, conteste!
Lo hago porque me nace del corazón,
Si mis servicios hoy preste
Muy altruista soy...-es la razón-

No importa que alguien diga
Que todos de mí se aprovechan,
Seguiré como mi corazón persiga
Aunque digan que de mi asechan

Mi mayor recompensa es y será,
La satisfacción en el rostro de mi hermano
Que con mis acciones aparecerá,
Hasta que mis cabellos parezca... cano!

EL PERRITO DE PAPÀ

Pequeño, de pelaje pálido,
Con ojos saltones y avispados,
De ademanes singulares y disparatados
Con fisonomía de un perro escuálido,

Que conexión creas con mi padre?
Noche y día la pasas con él,
Pareces rodaja de su pastel,
Tan solo dejando que de alegrías ladre

Lo sigues por donde quiera que vaya,
Cumpliendo muy bien con el dicho,
O quizá haciéndolo por capricho
Que del amo el mejor amigo... será-

No he visto cosa igual
Parece como un ángel guardián
No deja que nada le pace por donde van,
Es un cariño sin final!

Ojala muchos años vivas,
Para que de ese, siempre cuides
De todo peligro lo libres,
Y sus caricias recibas altivas,

Tu Voz

Tiene el calor de mil hogueras juntas
Tibia al comenzar, tibia al susurrar
Pareciera que estoy encadenado a tu voz
Pareciera que no hago otra cosa que sentirla

Viaja por el túnel,
Hueco y con laberintos,
Pero ese... solo es un transporte,
Para terminar en mi corazón

Que poder ejerces sobre mí
Que al escucharla me siento en la vieja roma,
Es tu vos sonido real,
De quien lo escucha, el placer,
Parece confundirse con el mismo paraíso,
Y a veces tan solo me pellizco,
Para comprobar si en verdad
Estoy despierto o tan solo deliro,

Tu voz!
Tiene el calor de mil hogueras juntas
Y yo tan solo quiero
Fundir mi alma en ella.

Lo Que No Tuvimos

Tres de la mañana, cama solitaria,
Encaminada por largo tiempo al olvido,
Triste y angustiada, sola, solitaria
En el abandono, casi exiliada

A tres metros, culposo se encuentra,
Triste meditabundo ese desdichado
No han de compartir
Tan grande desdicha

Ella piensa en él, y el piensa en ella
Pasan los minutos,.. Sigue solitaria
Si tan solo una palabra,
Ella pudiera parlar.....

No hay más desconsuelo
Esa noche triste, noche de verano
Ni lo suave de la noche
Ni lo suave del suspiro

Podrán reconciliar tales enemigos,
El uno al otro, desunidos están
Por largo tiempo,
Así permanecerán.

Por culpa de una ingrata
Hoy tus sueños desbaratas
Y por culpa de esa ingrata,
A tu cama por largo tiempo no regresaras.

Triste Insomnio

Despierto! Si aunque no lo creas sigo despierto, velando tus sueños a estas horas de la madrugada pensando tristemente, cuando llegara ese día donde entre mis brazos te podre tener, y aunque sigo consciente en mis cinco sentidos que estoy despierto algo pareciera decir que estoy dormido, haaa, y que de extraño tendría confundirse si tan solo de pensar en tus ojos y esa linda sonrisa cualquiera diría que es un sueño al mirarte, y a pesar de tanto buscar sosiego en mi mente, las vueltas que dando estoy no dejan consumar la tranquilidad que fugazmente viene en unos segundos de mi triste insomnio, es que acaso estoy quedando loco por ti? Haaa que pregunta más obvia la que mi ser se hace a si mismo, es claro y evidente que este amor por ti crece cada día más al grado de no poder encontrar otra solución para mi sentir nada más que: buscar estar a tu lado.

Seguir Adelante

Cuantas veces he deseado
Que me lleves junto a ti,
Es que ya no soporto tanta soledad
Y amargura en mi habitación

Mi mundo se ha tornado gris,
Mis noches son una completa locura,
Mis insomnios son más intensos,
Desde que tu partida sufrí

Si puedes escuchar tal sufrimiento
Dile a Dios cuanto es que tolero tu ausencia,
Y que las pruebas que hoy me manda,
Son más fuertes de lo que un día espere

Hazme parte de tu ser, llévame contigo,
Ya no quiero seguir en este mundo,
Cruel y despiadado,
La vida se ha ensañado totalmente conmigo

Dame la fuerza para seguir cada día,
Y dame sabiduría para afrontar la vida,
Te amo tanto
Que soy capaz de.......seguir adelante

Utopía

Que utopía se enraizó en mi mente,
Y persiste todos los días de mi vida,
Desde que despierto está latente
Presiento que tengo hasta la vista como perdida

Cuando duermo pienso deshacerme de ella,
Y encuentro la sorpresa que no es así
Te veo tal cual a una estrella,
Imposible de alcanzarte con frenesí

Hago una y mil cosas por seducirte
Hasta loco parezco por ti
Hasta he llegado a aplaudirte
Cuando en la calle te veo pasar frente a mi

Y sin embargo algo me grita
Que no debo arraigar más, esta idea
Tanto daño me hace en cada imaginaria cita,
Que hasta mi mente al verte... tartamudea

Hoy te digo adiós dulce quimera
Un día más, no pensare en ti
Ya nunca me tendrás en espera
Porque mi corazón para ya no amarte.....decidí Partir

Como Poder Ver El Futro

A lo lejos, entre sombras un hombre se ve
Aletargado, de apariencia escuálida
Con sombrero negro y en su mano derecha
Un callado que en la punta tiene un tallado,

La neblina que lo rodea, no deja ver
De que tipo es su poder,
Los vientos soplan muy intensamente,
Y en el aire un mal augurio se respira
Esa fuerza con apariencia humana
De la muerte, es la hermana
Con más detalle y más de cerca
En su tallado, la cara de una serpiente se ve,

Una serpiente de siete cabezas,
Y en su mano izquierda
Un libro tan grande como...
De su mano al antebrazo

Con un movimiento torpe
Su libro de la mano deja caer,
De la mano al suelo,
Su titulo se puede leer

Libro de la vida!
Por nombre se puede ver

Es el ángel negro del tiempo,
El que a lo lejos se veía
Para darnos el mensaje,
Que momento es ya para cambiar...
Lo puedes ver?

AMOR PURO

Difuminados entre la luz de un pequeño candil
Dos amantes cenaban de forma febril,
En suspiros longevos,
Intercambiaban miradas y comían sus huevos,

Que con mucha pasión ella había cocinado
Y con solo eso el hambre había apaciguado
La mesa tres patas nada más tenia,
La cuarta de apoyo un palo ponía

A tres metros en una cama, un niño lloraba
A penas despierto, por hambre gritaba,
Para calmarlo en la boca el pepe le pone,
Sabiendo que dentro de nada dispone

Su padre de angustia también suelta en llanto
Por dentro se dice no puedo con tanto,
Su esposa tranquila agarra su mano,
Le dice al oído, nada de esto será en vano

Así la pareja guarda la esperanza,
Que un día la suerte llegue como lanza
Con amor derrumbar las barreras,
Aunque largas les resulten las esperas.

Como Pluma En Mi Papel

Te has derramado como pluma en mi papel,
Suave y lentamente,
Sin percatarme un minuto,
De lo que escribo

Te quedaras aquí impregnada
Al igual que en mi corazón,
Como pluma en mi papel,
Y como dueña de mi estribo

Como borrarte, ya no puedo,
Al meterte tan adentro de lo blanco....
De lo blanco de mi papel,
Y de lo blanco de mi cariño.

La Noche Se Tiñe De Rojo

El reloj que apacible cuelga sobre la pared,
Va marcando el final de las cuatro con cuarenta
El esposo se dispone a coger sus pertenencias
Y mientras tanto ella recostada sobre el sofá....

Angustiosa anhela que la hora con cuarto
Pase volando sin sentir,
Son las seis, la hora pactada
Y ella de alegre se viste la tez

El ingrato cobarde por puerta trasera,
Entre sombra y sombra se hace presente
Sin saber que unos ojos son los testigos
De tan vil engaño al hombre decenté

Como fuego que quema
No terminan de llegar a su lecho,
Y al no más verse se sueltan en besos,
Comenzando en la sala terminando en la cama

Tales ojos liantes quieren saciarse,
Y sin un minuto más esperar se destapa,
Tal engaño no pueden guardar
Y así la historia relata,

El marido indignado
Corre a su casa, imaginando la escena
Que iba a encontrar

Al entrar la sorpresa que de camino,
Profesaba, el infeliz cobarde se sintió morir,
El preludio de muerte envolvía la atmosfera,
Sin vacilarlo dos veces, decidió matar

Después de tres horas se hallaron los cuerpos,
De una fornicaria y un cobardón
El pobre ingrato se va para la cárcel,
Y aquellos infieles se van al panteón.

EL TIEMPO

Y el tiempo te devora,
Te hace reír, te hace llorar,
Y el tiempo se agita,
Te lleva entre sus manos,
Pasan los minutos
Y pasan las horas

Somos simples títeres del tiempo,
Somos simples marionetas agitándose,
En las manos de un destino,
Que solo un nombre tiene

Día a día nos hacemos viejos
Y pasa por nuestra mente
Una y mil tontería,
Una que otra cosa sentida

Todos desearíamos ser amigos del tiempo,
Pero el no entiende de amigos,
El no entiende de esperas,
Pasa incesante sin importar nada

Se come las vidas
Y devora los viejos,
Todo pasa,
Todo se extingue

Y cuando todo pasa
Solo el tiempo queda,
¿Qué poder tiene el tiempo?

El tiempo es oro
Pero el tiempo no es mío......

COMO DESEO

A veces por las noches recuerdo tu ser,
Y deseo tantas otras primaveras a tu lado,
De tu vida aun más conocer.......
Entre los dos un laso mas fuerte establecer

Casi siempre comienzo soñándote
Imaginando un lindo atardecer,
Y casi siempre término amándote,
Aun sin siquiera tu rostro conocer

Como deseo verte a los ojos
Esos ojos que tantas noches he imaginado,
Que tanto en mi han despertado antojos,
Y todas mis noches han trajinado

Verte solo es uno de los miles deseos,
Que por mi mente ahora vagan,
Has de convertirte, en el mayor de mis trofeos
Y hacer que mis sacrificios valgan.

Hoy entre mis sueños,
También noche a noche, estas presente
Mis descansos se hacen pequeños,
Porque de la realidad estoy ausente.

CUANDO ERAS MIA

Y hoy veo mi cama solitaria más que nunca,
Ya mis sueños, emigraron de ella
Tu anhelo, mi anhelo, hoy trunca
Y mis sentimientos se encuentran en querella

Te recuerdo como cuando eras mía,
Desnuda, flamante, recostada en esa cama
Como de tu carne las ganas exprimía,
Y de un momento a otro te despedías de ser dama
Nunca más mis noches serán completas,
Hoy tu calor se encuentra ausente,
Sin tus piernas medio coquetas,
En mi cama ya jamás presente,

Ahora recuerdo cuando eras mía
Y podía con tu cuerpo hacer derroche
Completamente para mí te tenia
De lunes a domingo toda la noche.

TRES ANGELES

Como caídos del cielo aparecieron en mi vida,
Como gotas de lluvia monzónica,
Más benditas que los destrozos de mi alma,
Con mirada fija he indestructible,
Se apoderaron de mi vida, de esa vida que había quedado
En el olvido, frígida sin tener ningún sentido,
Entre sus alas Acogieron mi vida,
Cuidando fielmente de ella,
Como encomienda del mismísimo Dios
Todo alago, toda exaltación, queda corta
Ante tal amor, tres son en total, como numero bendito
Todas con su propio sentido pero con un mismo
Objetivo, cuidar y encaminar a mi alma hacia
La comprensión de la bondad.

Imagino Tu Cuerpo

Hace mucho que yo espero,
Hace tanto que yo cuento,
Las horas y los días
De no tenerte experimento

He imagino tu cuerpo,
Ese cuerpo que no es mío
Intransitado por mis besos,
Faltos del calor de mi estío

Y me alimento de ilusiones
Falsas como mis sueños,
Mas solubles que el aroma de hace muchas noches
Que tuve entre mis ceños

Recorro tu cuerpo imaginándolo desnudo
Y en un espacio de mi mente sufro lo indecible,
No poder tenerte es mi ansiedad,
Si no lo retengo se convertirá en audible

Pocas cosas como estas
Causan tanta desolación en mi mente
Hoy solo pido con mis fuerzas
Que aunque sea en mi imaginación te hagas presente.

De Niño Soñaba

Cuando era solo un chiquillo,
Soñaba con ser astronauta
Llegar con mis juguetes al brillo,
Y en la estrella más lejana hacer una pauta

Mis anhelos eran grandes,
Quizá porque siempre amé el cielo
Ser el más grande, de los hombres
Que en otro mundo camine sobre hielo

Soñaba con llegar a la luna
Y en mí, ver su brillo reflejado
Hacer de un cráter mi cuna,
Y vivir por sus fases guiado

Hoy el cielo sigue siendo el mismo
Ese que ha visto generaciones nacer,
Ese que ha visto generaciones con el mismo optimismo
Pero también ha visto de esperanzas carecer

Hoy que ya he crecido,
Y mis metas ya tracé
Con un pensamiento parecido
Mi cuerpo con mi mente...cace

El cielo sigue allí,
Y mis ojos le hacen compañía,
En mi mente una nave construí,
Para llevar hacia ti la vida mía

NIÑO DE CALLE

Niño de la calle, sucio, con la cara demacrada
Por la tristeza, que refleja tu hambre,
Se disipa con el día, la esperanza de tu
Estomago satisfacer.....

Con los pies descalzos sobre piedras,
Ya tus callos se protegen con aspereza
Territorial deben estar en tu estómago,
Mil y una lombricita...

Con tus ojos dices todo, con tus ojos
Has aprendido a hablar,
Tus ropas rasgadas por el tiempo
Que has tardado en cambiar...

Tus cabellos largos como tripas
De color oscuro por el polvo,
Pareces indefenso como ave sin volar,
Triste y solitario se te mira trajinar

¿De qué pasión pecaminosa provienes?
Quien te pudo descuidar!
Hoy solo te preguntas
Quien tu hambre podrá quitar

De tus labios una palabra no brota,
Mas de tu ojos unos gritos despides,
Que alguien en ti por un momento se fije,
Y pueda tus ansias, saciar.....

Mis Pensamientos

Se estrellan en las paredes, los pensamientos,
Que viajan hacia ti, definitivamente no puedo
Guiarlos, es contra mi poder sacarlos fuera de aquí,
Tolerados por mis cosas que un día fueron tuyas

Hoy se estrellan ellos y no pueden salir,
Quedando casi muertos, entre estas cuatro paredes
Que antes se Vivian regocijados
Por la desnudes de tu cuerpo,

Y reviven cuando duermo
Y nuevamente se meten dentro de mí,
Para renacer más fuertes
Cuando un nuevo sol alumbre mi ventana

Y seguirán escondidos mientras llega la noche
Y nuevamente el ciclo se repetirá
Porque es cuando cae lo oscuro,
Que nuevamente se estrellaran

Entre las paredes que un día fueron tuyas
Pero que ya nunca lo serán.....

Instintivamente como kamikazes
Se estrellan mis pensamientos
Logrando mí objetivo,
Que mis pensamientos no lleguen hacia ti.

VELANDO TUS SUEÑOS

Noche a noche cuando duermo
Como transportado por amor
Llego a tu regazo
Impulsado con pavor

Y miro tus sabanas de seda
Tan suaves confundiéndose con tu piel
Mientras duermes yo te observo
De la cabeza hasta los pies

Un suspiro matinal atraviesa
La fecundidad de tus muslos
Soy tu amado convertido
En la fragancia de un día nuevo

Casi al despertar se derrumban mis anhelos
de hacer de este mi sueño
Algo más vivido y más real.....

Y regreso a mi guarida
Después de una noche sin descansar
Velando tus sueños
entre las paredes de tu lindo lecho de rosas

Confundíosle con lo divino
todo este trajinar de mi lecho
a tu lecho solo lo divino
se puede disimular.....

TE SENTI MIA

Te tuve en mis brazos y te sentí mía
Mía por un instante, por ese instante.....
Me sentí dueño de todo tu ser
Cuando en un soplo repentino de realidad

Descubrió mi mente racional
Que todo era un simple juego
De la viva imaginación,
Era cruel aquel momento de lucidez
Cuando en mi ser se desataba un debate
¿Eres o no eres mía?
La gran pregunta,
Socavó mi mente

Mientras mi cuerpo y manos te palpaban
El corazón decía: nada es cierto!
La verdad dulce amor mío,
Que para que pensar en esas cosas

Desde ahora en adelante
Hare lo que la mente diga
Y lo que el destino decida.

PORQUE AGACHAS LA MIRADA

Hoy te vi, hace mucho tiempo no lo hacia
Sin percatarme, hacia ti me dirigí
Casi por instinto, antes de verte sentí tu presencia
Por un momento mi cerebro reacciono
Diciendo: es tu olor!

Secundando lo que sentía, mi vista también
Se sintió vibrar, al dirigir la mirada
Sorpresivamente estabas allí,
Parada, como tímida, como si algo
Te decía que la mirada tuya no merecía

Sin esperar respuesta, casi por cortesía, salude!
Tus ojos ni siquiera voltearon hacia mí
Muchos menos tu boca podía seguir tus instintos,
Algo te hechizaba el momento,
Algo que has aprendido a controlar

A mi mente vino la idea
Y de repente, comprendí
¿A que le temes?
No es mucho el daño que cause,
Si no lo que no pudiste lograr,
¿acaso es evidente tanta alegría la mía?
Cuando te veo me siento tan alegre,
Mi conciencia se siente en paz
No hago otra cosa que decirme a mí mismo,
Dios hago lo que es tu santa voluntad.

Y ahora tú, abandonada por tu injusticia
Pesaras en el alma lo que con lujuria
Hiciste, y un día no lejano te darás cuenta
Que el ser humano es y será
El más astuto de todos los animales.

Dios de gloria te guarde,
Y en las noches que mi sangre arrulles
Le de alivio a tus pupilas inflamadas
De desvelo, inflamadas de llorar,
Y cuando en la madrugada.....

mi recuerdo sea más latente al suspirar
Estés angustiosa por llamar,
Ya tus ruegos serán en vano
En otra vida he de andar....

Y es allí cuando recordaras
Este día, sin alivio
Te preguntaras a ti misma
¿Porque agaché la mirada?

POBREZA

Es de muchos la pobreza, un yugo, una espina,
Algo sin remediar, y veo como las familias
En la mesa no tienen de que saciar
Aquella hambre más terrible,
Que la de un león en ayunar

Se me parte la avaricia en dos,
Y de mi un gesto de bondad,
Nace como la nube
Sin ni siquiera yo esperar
Es de mi más hondo el despertar

Y me revuelco en la impotencia
De este mundo no poder cambiar
Como quisiera que mis manos,
de poder pudieran hoy llenar
esas bocas tan queridas.....

que mis ojos se hagan brazas
ya no puedo soportar,
tanta hambre en este mundo
yo no quiero ver tantas masas
por un bocado pelear...

y mientras otros se hacen ricos
y tantos otros se mueren de hambre
porque una tortilla
no pueden ni comprar.

A Kilometros De Mí

Hoy es domingo, lo espero con ansias,
Como se espera la cosa amada,
Prometiste llamarme
Y veme aquí a la espera

Impaciente como nunca,
Ya mis dedos parecen hablar
Que los deje en quietud,
Y mi alma ya me grita que conserve la compostura

El reloj marca las once
Al horario de esta parte del mundo,
En lo muy lejos, pocas horas antes,
Pero pactada estaba ya!

Y veo el reloj y lo devoro
Con mi vista penetrante,
Es mi espera angustiosa
Mas tremenda que la soledad

Esa soledad, que es mi compañera
Desde el día que decidiste partir
Dejando entre quimeras
La onda herida en mi memoria

Hoy le ruego al cielo
Un día no lejano,
Verte por esa puerta entrar
No esperarte al teléfono,
Verte a mis brazos decidir........

Pasan los minutos, te retrasas
La llamada ausente esta,
Como permitiste, hacer de mi compañera
La permanente soledad.

Y solo a la distancia mi condenación
Se ha referido,
Es por ella que yo vivo
A la espera de tu amor......

De Lujuria

Era de la tarde la lujuria,
Dos amantes en unisonó
Suspiraban en un preámbulo
De tunantes aventureros

Ofuscados por la pasión
De caricias se alagaban,
Uno al otro se saciaba,
De la exaltación que transpiraban

Y en un grito de placer
El pecado original se pronunciaba,
Entre dos almas que apretaban
Con sus manos la fruición

Largo tiempo transcurría
Al igual que la exudación
Sin percatarse de las horas,
Entretenidos se magullaban

Las campanas de la iglesia,
Además de despertar en ellos
La conciencia, también despertaban
De su vida la sorpresa

Tanto tiempo había ya pasado
Ambos sus caminos tenían que tomar,
Era tan intensa la lujuria
Que el encuentro pudiera repetir...

Más de alguna que otra vista
De ello se fijó,
Exentos, de lo oculto
Seguro estoy que quedamos..

ERES PASADO

Hace tiempos que no vagas en mi mente,
Hace tiempos que ya no te recuerdo
Hace tanto que me ciento cuerdo
Tu memoria en mi está ausente

Y casi nunca pienso en ti,
Como cosas que guardo en mi armario
A excepción de mí querido escapulario,
Por ser sagrado de esas cosas olvidadas excluí

Has quedado en lo profundo del pasado,
Recluida entre las cosas a olvidar
Esas cosas que nadie se atreve a reclamar,
Esas cosas que te hacen caminar tardado

Y es así, como has quedado
Refundida en lo tardado
Totalmente apaciguado,
Hoy te digo, te quedaste en mi pasado.

Tuyo Ya No Soy

Como marioneta un día me tuviste,
De los hilos tirabas por doquier
Haciendo reír con mis actos, a persona cualquier
Sobre mi alma hasta tus deseos, pusiste

Por amor lo soportaba,
Cosa alguna nunca contradije
En cambio nuestra relación bendije,
Y con paciencia tu cambio esperaba

Ahora que todo ha terminado
Y la ilusión también se marchó,
La realidad de todo aprovechó
Y mi camino con verdad ilumino

Ahora que tuyo, ya no soy
Mi amor viaja a otro mundo,
Siempre conservando lo meditabundo
Seguro de recuperarme, estoy....

Y así en ese mundo de alegría
Un nuevo amor encontrare,
No importa el tiempo, esperare,
Aunque muchos digan que tan solo es tontería.

Hoy que alegre estoy,
Con gusto puedo expresar
Que tuyo ya no soy.

Alma Suicida

Que fantasma socaba tu mente,
Que injuria protesta tu alma
A qué hora esa idea se enraizó en tu cabeza
Y nunca más podrás sacarla de ti

La mano criminal hacia tu boca diriges,
Con paso lento como si aún lo pensaras
Algo te dicta que no es lo correcto,
Pero algo más fuerte, opina lo contrario

Es más fuerte el sentimiento de derrota,
Que invade tu mente a cada segundo que pasa
Y con la copa de vidrio, llena del líquido,
Que amablemente resbalara tu muerte

Será muy lenta conforme pase el tiempo
Hasta que tus entrañas se disuelvan, en él
Menos triste el augurio se pinta,
Tras tu muerte muy poco, considerada

Y serás el asunto, en boca de todos
Haciéndote la más cobarde de todos
Al darle la espalda a la vida,
Que tantos otros tener, desearían

Y no será mucho lo que el mundo provoque
A lo que los ojos de Dios en ti se desnuden
Tratando con ira tu alma perdida
Por el demonio, de la soledad

Habrá alguien que tu alma espere,
Con ansia infame de haberlo logrado
Tu alma ha ganado sin mucho denuedo
Ya formas parte de su basta legión.

Y allá rogaras que todo sea un sueño,
O alguna idea de tu imaginación
Más por mucho que intentes
No podrás cambiar tu propia decisión

DESPRECIO

Con ojos indiferentes te miro,
Como si no me importases
Cuando estas frente a mí, los ojos retiro
Para que tranquila tú pases

No siento nada al verte pasar
Ni una pisca de amor, mucho menos odio
Se ha vuelto costumbre tu presencia ignorar
En mi vida ya solo eres, un episodio

Lo que hoy desprecio, otro lo anhela
Otro por ti, amor de su pecho despide
Por tus ojos las noches desvela
Y deja que la ilusión en el anide

Así de injusta es la vida,
Lo que hoy tú me ofreces yo lo desprecio
Para mi hoy solo eres la despedida,
De algo que en un pasado aconteció

Lo que hoy yo desprecio con tal intensidad
Otro lo desea con las fuerzas de su alma,
Tanto como cifras en alta cantidad
Para no dejar su paz en calma

Ese otro que por ti la vida daría
Y hasta en otro mundo te amaría.

CADA NOCHE

Cada noche cuando cierro mis ojos
Duermo con la ilusión de despertar
Con tu silueta a mi lado, verte desnuda,
Junto a mí, allí como antes lo hacías

La soledad sacude mi mente, cada noche
Y nuevamente despierta mi insomnio
Ese terrible trajinar de deseos
Deseos que en sueños completo frecuente.

Me cuesta la angustia disipar por las noches
Te siento perenne en cada rincón de mi cuarto
Tu ausencia se vuelve cada día más presente,
Y la cama me llora pidiendo tu regreso

La noche se agranda con cada suspiro
Que exhala la idea de sentirse muy lejos
Y cuando siento quedarme dormido,
Recuerdo el deseo de despertar con tu silueta a mi lado

Vivo En Otro Tiempo

Y veo como la juventud actual disfruta
Son tan alegres mientras pueden,
Con el licor en la mano, y su cigarrillo en la otra
Sus modales dejan de lado cada fin de semana

Olvidados dejan en un baúl de apariencias
Sus vidas que con mucho esfuerzo crearon
Y hacen de la sociedad una marioneta
Que a cada acto, maniobra muy bien

Solo aquellos que pueden darse cuenta
Son testigos fieles de la realidad,
Conocen lo cierto
Denigran lo malo de la mezquindad

Malditos los ojos que ahora se abren
Corroen mi alma y la dejan con poca humildad
Despiertan lo impuro de mi realidad

No quiero ser más el testigo
Que vean los actos de lo inmoral
Prefiero vivir en la ignorancia
Y hacer de muy poca cuenta....
Que exista en el mundo tanta maldad

En qué momento dejaste Dios mío
Que la juventud se perdiera de ti,
Ya es en vano rezar por los tuyos
Si parte ya forman de la oscuridad.

REPENTINO QUERER

Hoy a penas te conocí,
En mí, tu ser se clavo
Como la espina de la más bella flor,
Hiriente pero bella

El coqueteo de palabras se hicieron presentes
Y en un instante a mi mente viajo
La vil idea de hacerte solo mía
En apenas nuestra primera cita

Como idea de novela o película de amor
En mi mente también la idea se clavo
Entre más pasaba el tiempo
Más grande era el deseo

Acostarte en mi cama era mi objetivo
Y decidido ya estaba por hacerte mía
Cuando menos imagine,
Mi mano sobre su pecho

Alardeaba de lo astuta que es,
Acariciándote apasionadamente
Tu sostén de su prisión libero
Y haciéndole segunda tu blusa al suelo callo

Era como un sueño, en tan poco tiempo
Desearte tanto y tenerte allí
Desnuda solo para mí,
Aprisionada entre mis brazos.

Fuego irradiaba tu piel desnuda,
Y entre mi pecho y el tuyo
Ni un rayo de luz pudo cruzar,
Socavando la ansias de tu alma

Tan perenne fue el deseo
Que nos dio el amanecer,
Con sus rayos dorados
El sol nos dio su beso

Era digno de cerrar tal episodio
Con un beso apasionado,
Al compás del despertar de los pájaros
Que el nuevo día comenzaron

Hoy que es de día te veo a los ojos
En tu mirada puedo ver, un largo caminar
En mi mente solo viaja la idea,
De que seas un repentino querer

EL ALEGRE

Por las calles de Ocotepeque se ve en alegre caminar
Con su voz tunante ya se puede adivinar
De quien se trata ese personaje
Que con cariño a todos da, agasaje

Con ropas extrañas él se viste,
A las ferias del pueblo así asiste
A los grandes causa risa
Y a los chicos, les saca una prisa

Con mascara tenebrosa
Que a todos hace exclamar ¡Qué será esa cosa!
Con su tambor un solo ritmo toca,
Y es por eso que nunca se equivoca

Ya en el pueblo con apodo bautizaron
Su nombre y el de su madre le juntaron,
Y así nació el famoso betocoyo singular
Para sacarte la risa sin parar

con su extravagante vestuario
Que en todas las ferias usa a diario
Para darte un poco de alegría,
Sin exagerar tanta alegoría

Es por ello que mi pueblo, es único
Y los brazos abren al público
Llamándonos capital de la hospitalidad
Dando la acogida a todos en gran cantidad.

Enamorados

Vivir enamorado cuando todos no creen en el amor,
Cuando todos creen que ya no existe
Luchando contra todo y todos
Aquellos que día a día insisten en hacerte desmayar
Es hallar en un pequeño lugar la esperanza
De vivir al lado de quien amas,
De encontrarte rodeado de amor sin importar
Cuan duro sea el camino,
Caminar de la mano de la esperanza de un mundo nuevo
Lleno de amor y de alegría,
Luchar siempre con la vista en alto y la fe
Fundada en Cristo,
Tomar como ejemplo las virtudes de grandes
Personas para poder guiar nuestra vida hacia la verdad
Esa verdad que solo se conoce mediante......
¡El amor!.

OSCURIDAD

Casi en el olvido, apaciguado en el tiempo
Mis pupilas parecen desaparecer
Entre tanto a lo lejos se escuchan rugir
Esos monstruos de hierro, imponentes como siempre
Que hacen despertar mi impulso de salir
Es una fría batalla entre dos polos opuestos
El querer, y el desear, ni la hora se hace presente
Carece de sentido todo alrededor,
Es una esfera infinita de un color que ni es color
Mi cerebro se perturba con tal acontecimiento,
Quisiera levantarme correr y salir, de allí,
Mas no encuentro la salida, ni siquiera se en donde estoy
Es así de malo el mundo que te deja en el exilio
De las almas que no acuden al llamado de la
Rebelión, y veme allí profundo con tus ojos de plata,
Relucientes ante la oscuridad y de pronto me sacas,
con tus alas llenas de inocuidad,
Eres ese ángel que llevas la luz hasta lo mas profundo
de la oscuridad.

Como Quisiera

Como quisiera tocarte, poder llegar hasta ti
Conquistarte allá, tan lejos, donde solos vivas para mi
Esta distancia te carcome,
Esta distancia también lo hace hacia mi
Es tan duro el no mirarte, ni tenerte aquí
Con los ojos entre mares, llenos de humedad
Deseo tanto tocarte, hacer mi sueño realidad,
Esta distancia es cada día más impía, atenta mi existir
Con espadas afiladas se desnuda frente a mí
Y he de verte algún día,
No lejano es mi insistir, he de hacer lo imposible
Para mi vida compartirla solo contigo,
Es por ello que yo lucho,
Con puños altivos frente a la vida, es por ello,
Que yo juro, tenerte conmigo para siempre
Y así pasen diez mil años, he de doblegar
La tribulación que invade, nuestras vidas
Que fugadas hoy se encuentran.

MOZUELA

Eres a penas una niña, ¿tú qué sabes del amor?
Entre tus piernas aun no nace ni una flor,
Eres a penas una niña, que juega a ser mujer
Con tus escasos encantos quieres un corazón mover

No lo intentes chiquitina, no lo hagas por favor
Esos ademanes más bien provocan pavor
Con escasos años en tu vida,
Puedes llegarla a dejar perdida

No intentes jugar un juego
No lo intentes te lo ruego,
Eres aún muy joven para alzar, este vuelo
Y dejar tu virginidad en duelo

Yo no he de ser ese hombre
Que deseas pronuncie con amor tu nombre
no he de ser ese truhán
que desnude tus instintos en el desván

te quiero mucho chiquitina
tanto que no soy capaz de despertar tu adrenalina
Ha de ser otro pecaminoso
que haga nacer en ti, el alborozo

ten cuidado siempre mozuela
no encontrar en tu camino algo que te duela
el corazón es traicionero
y hay que pensar antes de darlo primero.

Y HOY CAMINO SOLO

Fruto de tu vida, me hiciste existir
Con amor y paciencia me hiciste descubrir
Lo bueno y malo de la vida
Las tristezas y toda la alegría

Paso a paso, me hiciste caminar
Me cuidaste desde que aprendí a respirar
Día a día me llenabas de caricias
De todo me enseñaste las primicias

Con paso firme te aferraste,
Y en mí, un mundo bello creaste
De mí, un fraterno diferente, moldeaste
Era todo un completo contraste

Tu idea se arraigó en la espera
Que al crecer todas las puertas abriera
Y no te equivocaste al discernir
Para mí una vida diferente predecir

Hoy que la vida decidió esfumarse,
Y tus manos en polvo decidieron transformarse
Me dejaste solo caminando
Tus ideas siempre abonando

El trabajo que con tanto esmero
Decidiste continuar con vos de acero
Desde otra vida mis pasos guías,
Y ni una solo idea de mi mente extravías

Todos miran que camino solo
Sin saber que mi camino vas adornándolo,
Con tus enseñanzas que nunca de mi mente,
Se irán, permanecerán en todo momento presente.

PRESO DE TU CAMA

Mil días, mil noches preso de tu cama,
Como cadenas mordiendo mis muñecas
Tus olores aún se hacen presentes
En cada vuelta de mi insomnio
No importa cuántas veces yo desee,
Que regreses a mi lado, no importa,
Cuantas veces yo al cielo ruegue
Por otro de tus besos,
Mis mejillas y barbilla hace tiempo se vistieron
De negros, vellos viejos
Son tan grandes mis cabellos
Que con cada vuelta que les doy, parecen enredarse
En mis sienes, no he querido levantarme
Para sentirme preso de tu cama,
Es que no hay otro lugar en donde pueda
Sentirme lejos de tu ausencia
Y si morir es mi destino, morirme en tu cama
Ya en las horas de mi partida,
Con tal fuerza abrazare tu cama
Y cuando al sepulcro ya me lleven
Que me entierren con tu cama!

SOLO MI AMANTE

Esta es la realidad amor de mi vida
Eres solo mi amante en esta historia,
Alguien más ocupa mi alma
Que con dulzura aprieta mis sentimientos
Eres solo mi amante, a la que recurro en esos días
Cuando los deseos se alborotan
Y de la rutina salir quiero,
No!, no llores querida mía
No trates de hacer sentir mal mi corazón
Nunca te mentiría, nunca lo haría,
Esta es la realidad, lo has sabido desde el primer día
Cuando sollozando de alegría,
Con tus besos me decías, que así seria
No me culpes amor mío, si hoy te digo
Que no proseguir con este juego he decidido
Por el bien de mi familia, y por el bien de tu vida
No es correcto lo que vivimos,
No mereces ser segunda, eres más que eso mi princesa
Si mi vida, no estaría con ataduras tan fuertes,
Tu serias la elegida, para ser, la dueña de mi vida.

Hoy, Hoy Lo Haré

Hoy te diré que te amo,
Hoy te diré cuanto vives en mi mente,
Hoy te diré que importante eres en mi vida,
Hoy, hoy lo hare

No importa el momento,
No importa el lugar,
No importa con quien te encuentres,
Ni un momento voy a dudar

Hoy quiero decirte lo que siento,
Hoy escogeré, como el resto de mis días
Porque mañana no sabré
Si existiré para decírtelo

Es este el momento, o quizá no lo sea
Pero no importa,
Hoy, hoy te lo diré.

FUISTE MIA

Hoy esta fría la noche e inquieto mi corazón
Y en mi mente una poesía se clava con razón
Necesito escribir lo que por ti siento
Necesito decirte porque me arrepiento

Ha sido mucho lo que he sufrido
Por ser de tu amor, mal querido
Tantas noches mis almohadas han secado mis gemidos
Dejando en mi corazón tus desdenes hundidos

Ya mi corazón no soporta tanto,
Y de tanto que te grita hasta parece un canto
De decirte en estas letras como despedida
Que la ilusión fuiste de mi vida

Ya mis ojos no soportan de tanto no dormir
Hasta mis sueños se echan a huir
Que ya mis esfuerzos por conciliar mi sueño
Se miran tontos, pareciera que de mi cuerpo no soy dueño

Y entre tanto cavilar por las noches de angustia,
Llego a comprender que jamás serás mía
Que los besos de tu boca
En otra boca la locura provoca

Y comprendo que aunque solo desdenes
Hoy recibo, a mi corazón por fuerza ordenes
Que te olvide para siempre, que ya no sueñe contigo
Y de tanto que le ordenas hasta eso, yo bendigo

Hoy que mi mente ya no atina,
Solo en darte la despedida hoy se anima
Y desearte lo mejor en tu camino,
Aunque ese camino no esté en mi destino

Que dulce ese viaje que hoy se me avecina
De forma imprescindible de manera repentina
Un camino de olvido y de eterna fatiga
Aun así te seguiré amando, aunque seas mi amiga

Adiós vida de mi vida, un día fuiste mía,
Ahora queda en el alma solo un onda herida.
Mi musa de poeta,
Mi linda, amada mía.

CARTA DE UN SUICIDIO IMAGINARIO

Madre hoy que te has ido
No soporto el dolor en mi corazón,
Ya que por tu ausencia muy vacío
Me ha quedado con mucha razón

¿Qué melancolía? me embarga noche a noche,
Porque al regresar a mi habitación
Mis sentimientos terminan en derroche,
De una incontrolable situación

Madre! Me siento solo y olvidado
Sin amor de ninguna persona,
Y desde tu partida se me han acumulado
La idea que mi mente no razona

Ya no soporto esta angustia de sentirme lejos
Que en este instante, correr hacia ti,
Y en mi mente la idea de llegar a viejo
No cabe, porque de este mundo hoy partí

Hoy que todo está hecho y mis ideas se cumplen,
Entre nubes hoy te veo,
Y en mis sienes tus manos se funden,
Y por fin contigo el arcoíris coloreo

No me arrepiento ni un poquito,
De mi decisión bastarda,
Porque aunque sea un mínimo ratito
En mi imaginación rompí la cruel barda

Asi Era Aunque Mentira Pareciera

Yo enamorado, de voz tibia y querida
Rondando siempre tu casa y de vez en cuando tu esquina
Escondido por las hojas de la noche tranquila,
Del reloj la hora, ya casi un nuevo día

Me despides con tus besos,
Como deseando tenerme por siempre
Dándome un hasta luego, sin soltar mi mano
Tibia y cansada de tanto darte placer

Por las noches soy tu amado,
Y por los días soy tu amigo,
Escondidos de los buitres
Que de los chismes no huían

Es menester guardar lo nuestro por el bien
De nuestras vidas,
Hasta las cosas suponer
De un bien totalmente fundidas

Soporta, si soporta amor mío
Te repetía cada día

Cuando por las noches a escondidas
De tu cuerpo disponía

Hoy recuerdo solo hay de esos días
Que en mi mente se quedaron
Tu de mi te olvidaste,
Pensando que te mentía

Yo te adoraba amor mío
Hasta el final de mis días
Así era mi doncella,
Aunque mentira pareciera.

Sensibilidad

Muchas personas dicen que no existes
que solo eres objeto de imaginación
y utilizo todo de mi persuasión
para hacerles saber que en mi persistes

este mundo atenta contra ti
una y otra vez quisieran humillarte,
y al ver esto con mi amor quiero colmarte,
y mi mente dice que el mensaje comprendí

Ingrato mundo que caminas como ciego
Como vagabundo sin cuidar tus pasos
si comprendieras que poder tienen los abrazos
no serias por mucho tiempo un andariego

¿porque no abres tu mente a lo divino?
A eso a lo que muchos llamamos amor
Y que a pesar de los tropiezos sentimos su calor
Como si fuera bufanda de lino

Nunca digas lo que nunca quieres creer
Ya vez, las cosas sin sentido se cumplen
Y luego cuando están dentro te aturden
Y como fantasmas tu alma quisieran comer

Ser sensible no significa ser débil
Al contrario demuestra cuán fuerte eres
Porque a retar el mundo te atreves
Sin dejar tu corazón estéril

El que no hayas conocido el amor,
No significa que no exista
Y el que no hallas triunfado en la conquista
No debes quedarte hundido en el dolor

Cree y sabrás
Que con amor
Todo arreglaras.

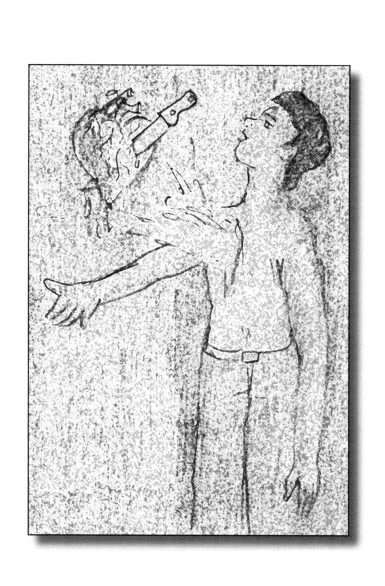

ALOJAME EN TUS ALAS

He querido permanecer,
En lo suave de tus alas
Grandes y opulentas
Al compás de tu abrigo

He querido vivir rodeado de ellas,
Sentir tu calor que no es fingido
Permanecer por largo tiempo,
Todo el que sea merecido

Abrígame en tus alas
Como abriga el ave en el nido
Defiéndeme del frio
Y de lo cruel del desatino

He querido alojarme en tus alas
Y muchas otras he pensado morir en ellas
Pero hoy solo te pido.....
Alójame en tus alas!

VAGABUNDO

Eres una persona cualquiera, común y corriente como
Todos, no tienes que envidiarle nada a persona alguna
Tienes manos, tienes pies, eres completo físicamente
Vas de camino por la vida, rondando siempre las calles
Cuando cae la noche te instalas donde te encuentras,
La noche se vuelve tu confidente, y a la vez todo lo
inclemente de la noche se vuelca en contra tuya,
con la barba mugrienta, con los pies ásperos por las
callosidades que con rudeza el camino marco en tus
plantas, caminos que con el mismo rigor tratan a
cualquier persona sin importar su raza, tus ropas sucias
poniendo en entre ver los días que han transcurrido,
desde que tu cuerpo las usa, ojos temblorosos por
los reclamos de unas entrañas que hace ya horas que
una comida no prueban, tirado en una acera la gente
pasa junto a ti, no se percatan de la alma que allí,
yace, tirada necesitada de alivio y esperanza, y tú te
empeñas en cada segundo de tu vida en dar lastima,
en causar compasión ante los demás, te empeñas en
transmitir ese sentir que solo tú en carne propia puedes
describir, la gente, te ve, claro que te ve, pero a ellos no
les importa cuánto sufras eres uno más de las fuertes
estadísticas que aquejan el país, poco les interesa si
comes, y piensas, como puede haber un mundo como
este, y claro siempre llegas a la misma conclusión que
muy poco te gusta, dices! Por personas como yo, por
personas que ocupan su tiempo en destrozar sus vidas,
en denigrar su cuerpo con el alcohol y las drogas y que

vives en la completa inmundicia, no porque la sociedad
así lo decida, si no porque tu propio ser así lo desea,
cada uno somos y seremos dueños de nuestro destino,
seremos los títeres y seremos los titiriteros, no cambies
tu vida de dolor por una de desdicha, lucha, vive, sueña,
esfuérzate, y sal adelante, no trates de dar lastima,
en cambio trata de darte ánimos, cada segundo que
inviertes en pensar en negativo, es un segundo que se
estrella en tu propia vida, piensa que estas siendo un
kamikaze de tu propio existir.

Amo La Luna

Me gusta verte en días como estos,
Con gestos de niña, con gestos coquetos.
Pareces muy linda con detalles perfectos
Me haces pensar.......
Que amo la luna.

Resplandeciente como siempre en las noches,
Tu dulzura y paciencia no me hacen reproches
Te miro, y te miro, sin medir trasnoches,
Me haces pensar......
Que amo la luna

Que poder tú, tienes sobre las vidas
Las malas vivencias las haces perdidas
Las buenas las haces escogidas,
Me haces pensar.....
Que amo la luna.

Eres la musa de muchas canciones
Te encuentras aquí y en muchas naciones
Eres testigo, además, de muchas oraciones
Me haces pensar......
Que amo la luna.

Confidente fiel de aquellos amantes,
Que se dan alborozo, grandes tunantes
Pasan los siglos, mas no, tus semblantes
Me haces pensar.......
Que amo la luna.

A muchos as visto morir
otros por ti han preferido vivir,
De ambas cosas me haces discernir
Me haces pensar......
Que amo la luna.

Soy uno más de tus fieles amantes
Soy uno más de tus caminantes,
Con mis ojos miro en tu superficie diamantes.
Me haces pensar......
Que amo la luna.

Y pasara mi vida y las de mis generaciones
Y todos ellos te amaran con esos corazones,
Porque siempre habrán muchas razones.
Para hacerles pensar.........
Que aman la luna.

Eres Tan Joven Para Mí

Linda pequeña, la de la mirada coqueta
De labios afrodisiacos, tus cabellos son rallos de luna
Que atraviesan la inmensidad de mi imaginación
Eres tan linda, pero eres tan joven,
A penas y comienzas a saber que es la adolescencia,
Y tantos como yo ahora te desean, gavilanes de carnes
nuevas, tontos que solo quieren usar tu cuerpo, y en
cambio yo que jamás pensé enamorarme, que jamás
pensé amararme a una mujer, yo, que también fui igual
a ellos, ahora soy presa fácil de tus encantos, si, de una
pequeña chiquilla que apenas sabe lo que es la vida, y
me revuelco en la impotencia de nunca tu alma poseer,
que sentimiento más inmundo, mi vida se siente vacía,
y sin antes intentarlo me desvanezco, entre los sueños
que mojan mis almohadas, esos sueños que nunca
pasaran a ser más que eso, maldito sea el tiempo que
nos separa maldito sean los años que hoy abren una
tremenda brecha entre lo que pudo ser y lo que hoy es.

Bellos Son Tus Labios

Bellos son tus labios, linda muñequita,
Lindos como perlas, linda princesita.
Cuantos ya quisieran besar esos lindos labios,
Forjadores de lindos bríos.

Tentadores, incitadores de placer,
A muchos nos dejas sin tus besos complacer.
Cualquiera por ellos mataría,
Y arrepentido nunca viviría.

Déjame probar a que saben tus labios, mujer!
Que cosa tan bella en ellos guardas de un querer.
Déjame navegar en ellos,
Hacer que de todo me olvide con sus destellos.

El mundo entero por ellos yo te ofrezco
Aunque la idea me deje grutesco
No importa mi vida, por ellos yo muero
Y por ellos también mi vida, me esmero!

Sin sus disfraces de colores me encantan,
Los fantasmas de mi vida pasada espantan.
Tus labios al tibio natural me agradan,
En ellos no es necesario que algo le añadan

Mas, si tus labios me enamoran de solo mirar
No imagino que pasaría si los pudiera rosar,
Con mis labios desnudos de pasión
Me aceleraría a mil el corazón.

No Te Puedo Comprar

Otro es el dueño de tu cuerpo,
Otro que te compra tu placer
En ti funde sus húmedos sueños
Desahogando en ti todo sin nada esconder
Y engreído, y arrogante, entre mis manos su cuello
Deseo tener, de un suspiro hacerle desfallecer
Es tanto lo que sufro con solo ver,
El, él es dueño de tu cuerpo, si, solo de tu cuerpo
Y te arrastras hacia el por necesidad, y el solo te busca
cuando quiere salir de su rutina,
Como sufro por no tenerte, por verte tan idiota, con él,
Y las ansias son impías, son inútiles, son sin voz,
Y pasara por tu cuerpo mientras su poder se lo permita
Y allá, una tarde, cuando de repente, su mujer
Sospeche todo, te dirá, hasta aquí, esto se acabó,
Y lloraras, sufrirás de amor, te recordaras del pobre,

De aquel que nunca su cariño permitiste,
Y yo, estaré lejos muy lejos de ser tu dueño
Porque seré siempre de la baja sociedad, y correrás,
En busca de un nuevo amor uno que llene
Los vacíos de tu muy cómoda vida, aquellos vacíos
Que solo existen en tu mente, pasara el tiempo
Y jamás conocerás el amor, cuando despiertes un día
Después de muchos años, te miraras al espejo,
Y te darás cuenta que aquello, que un día embrujo
A los hombres, ha desaparecido, se esfumo,
Ya de eso nada quedara, y te acordaras de aquel
Pobre, ese que solo amor te ofrecía, pero yo ya no estaré
Estaré en otra vida, lejos de aquí,
Y yo desde allá te veré, y diré al viento con todo mi
corazón, desde aquí y ahora más que nunca
No puedo comprarte.

Señora

Delgada, flagelada por el correr de los años
Solitaria golondrina que un día voló,
Marcada de pies a cabeza por los daños,
De lo intransigente del tiempo que paso

Te veo cómoda cruzada de piernas,
Iracunda contra aquellas cosas,
Que limitan tu cuerpo de manera externas,
Y hacen ver tus acciones vergonzosas

Y en un momento cambias de ánimo,
Y con tu mirada perdida hacia al suelo
Piensas en aquellas cosas, que un día era magnánimo
Cuando con un coqueteo de tu cuerpo
Atraías cualquier mozuelo

Hoy tu rostro miras al espejo
y por un segundo la realidad te atropella
y de tu fisonomía nada esta parejo
termina los días en que brillabas como estrella

y es la ley de la vida, todo nace.....
todo se hace viejo ante ella
de eternidad el cuerpo carece
y toda mujer deja de ser doncella

¿DÓNDE ESTA EL AMOR?

¿Donde está el amor?, todos preguntan eso, nunca
lo sabrán si su corazón esta vacío, el amor está en la
mañana, en lo fresco de una mirada improvisada, en esa
voz que día a día te hace saber cuánto vales, cuanta es
la ausencia que causas en sus vidas, nunca conocerás
el amor si nunca permites que él entre en tu corazón,
yo creo en el amor creo que está allí, en esas cosas más
sencillas, en la dulce caricia que nunca se dio, en esa
mirada que apareció sin esperar, en las palabras más
simples, en un pensamiento sin procesar, en todo aquello
que no pude comprar, nunca dejare que el mundo
conspire para hacerme sentir lo contrario, el amor existe
y vive en mí, vive más fuerte cada día, Dios creó mi vida y
la hizo perfecta yo solo cumpliré con su voluntad,
El amor existe y está aquí.

Nuestros Caminos

Dos montañas que se unen
Sin esperar un terremoto que le ayuden,
Que sin esperar orden alguna
Allí se entrelazan

Dos gotas que cayeron de un rio
Que perdidas tomaron un destino,
Sin importar si un día se secan
Sin importar el dolor del olvido

Dos aves que el vuelo emprendió
Que juntas emigraron al horizonte,
En busca, no de un alimento
Si no en busca de anidar juntas

Dos caminos que por mucho tiempo
Separados caminaron,
Y que el destino con capricho
Al final hizo que se encontraran.

LOCO SUICIDA

No intento más, ser mi dueño
no quiero ser dueño de mi vida,
solo quiero marchar
he irme con la mirada perdida

es tan grande lo que sufro por tu amor,
es tan grande que no tiene ni perdón,
las ideas en mi mente se encuentran complacidas,
y dispuesto estoy a romper mi corazón

esta vez soy quien sufre
esta vez soy, yo quien suplica
dame valor conciencia mía
para ser yo mismo el que siga, la suplica

he de verme anestesiado
por tu infame cobardía
mas no he de desmayar en este día
mas no he de verme acobardado

listo está el escenario para darme
este día la despedida
por tu amor yo lo hacía,
por tu amor dormido para siempre he de quedarme.

Perdón

Hoy vengo hacia ti
Y vengo asqueado de tanto vivir
De vivir así, con mentiras sin medida
Vengo a pedir perdón y mis pecados redimir

Es que no se en que momento me deje guiar,
Por este mundo ingrato y por esta sociedad
No comprendo mis ideas,
Y no lo hago por tanto fastidiar

Hoy comprendo que ando mal
Que mis actos no son puros,
Mucho menos los más justos
Hoy comprendo que te he fallado

Nunca es tarde, es tu palabra
Nunca es tarde para cambiar,
Hoy comprendo tu palabra
Y vivir de ella yo deseo

Hoy yo vengo a pedirte perdón
Porque solo así comenzare
Una vida nueva que deseo
Y que en mi tu vivas, mi señor.

Como Despedida

Me pediste nuestra última noche, juntos
Solo, en mis aposentos
Me dices que mañana te casas con el
Con ese que no te comprende como yo

Juntos en la cama
Te desnudas olvidándote de ser una dama,
Me preguntas si soy capaz de hacerle esto a mi amigo,
Y yo te pregunto si eres capaz de hacérselo a tu novio

Los dos somos culpables,
Culpables como siempre,
Aquí entre las sabanas
El pecado hasta, se huele

Somos dos almas que afinadas siempre están,
Y hoy la vida nos separa,
Por tonto y estúpido pensar
Te quise, me quisiste, pero esto termino

Es tu noche antes de casarte
Esta es nuestra voluntad,
Hasta llegaron nuestras almas
En tu vida de casada, yo te he de respetar.

Un día de tantos me veras pasar,
Recordaras esta noche,
Con mucho sentimiento,
Pero en tu mente lo recordaras
Y refundido entre pensamientos
Allí se quedara.

ESCRIBO

Escribo porque amo la literatura,
Escribo porque es mi forma de expresar
Escribo porque calmo mi amargura,
Y puedo mi corazón conquistar

Escribir es estrellar mis sentimientos en papel,
Es hacer que mi mano grite de placer.
Es hacer que mis sentimientos salgan en granel,
Y puedo mi corazón complacer.

Escribe solo aquel que su imaginación esta nutrida
De bellos placeres y encantos,
Escribe solo aquel que su pasado no descuida,
Y puede mi corazón ahuyentar espantos.

Escribiré mientras sea un poeta,
Mientras en mi ser, halla amor.
Escribiré porque mi mano a un lápiz sujeta
Y así a mi corazón responder a su clamor

Y hoy mientras escribo mi poesía,
Mis sentimientos se comparten hacia ti.
de impaciencia mis idea se vestía,
entre mi corazón y mi papel repartí

TODO MUNDO

Y si todo mundo se compadece de tu vida,
Y si todo mundo se volviese contra ti.
Todo mundo, todo mundo, todo mundo
Todo él es tu enemigo

Y te ven, y se ríen,
Y te ven, y se burlan.
Todo mundo actúa en contra de tu ser,
Porque nunca han estado en tu lugar

Si por un segundo supieran comprender,
Si por un segundo supieran pensar.
No serían tan cobardes,
De carcomer tu espalda con sus lenguas

Ellos te vigilan, y nunca se vigilan
Son buitres de los actos,
Su comida preferida es tu desdicha,
Todo mundo es vigía de novela.

Vigía incesante, no te dejan
Nunca te dejaran, es su pasatiempo más amado
Eres lo nuevo del momento,
Y ellos se divierten contigo

No pretendas ser mejor
Eres quien eres,
No pretendas ser ellos,
Porque tú, nunca serás todo el mundo.

Ella, No Te Quiere

Amigo de mirada cabizbaja
Amigo que de un sueño despertaste,
Amigo que ilusionado vivías,
Y hoy tus metas se truncaron

Tu sonrisa no es la de antes
Algo, tu ser consumió
Eres lo que en un momento nunca quisiste,
En otros tiempos, de tu ser te avergonzarías

Perdiste la creencia que en ti vivía,
Maltratado por las palabras incorrectas,
Maltratado por la mujer incorrecta,
Que ha de ser, quien por ella más, sufran

No he de verte anestesiado por su deseo,
He de luchar junto de tu brazo,
Sacarte de las tinieblas en que te hundió
Y hacer que veas la luz de un nuevo día.

Opacó, tus ojos con cenizas
Las cenizas de un amor,
Que nunca se consumo
Amor que más que amor, era lujuria

Placeres de la vida
Que tu corazón confundió,
Tu mente se convirtió en cómplice
Del plan malvado de la irrealidad,

Ahora de su sombra casi sales,
Y ayudado de tu padre redentor
Llega a tu mente la vaga idea,
Que ya ella nunca te querrá.

POESIA DOLOROSA

Escucha mi chiquilla las poesías dolorosas
Esas que salen desde lo profundo de mi alma,
A través de mis palabras, mi sentir se hace presente
Es mi corazón el que ahora habla

Es mi instrumento favorito,
Las cuerdas de mi voz,
más que un sentir
Es una adoración

Cuanto es lo que te sueño
En cada noche de mi vida,
Cuando es lo que te extraño
En cada despertar

Y es lo que yo sufro lo que hoy,
Se vuelve poesía,
Para ti, la más querida
Mi poesía dolorosa

Poesía que se escribe con la tinta entre mi boca,
Poesía que se nota en lo suave de tus gestos
Es mi objetivo regarte mi poesía,
Aunque con ella no gane nada en este día.

PERDIDA ENTRE LAS HOJAS DE UN LIBRO.....

Y hoy te encontré entre las páginas de un libro olvidado
Te creía extinta entre las hojas de aquel libro que hace
mucho tiempo no veía, suavemente lo abrí y allí en la
página noventa y dos encontré fijamente tu rostro, casi
sonriente, dando apariencia de una triste sonrisa, tus
ojos grandes y melancólicos como era de costumbre
en ti, con tu collar de bisutería barata, y algo arrastro
mi mirada hacia tus labios y transportado por ellos
regrese al pasado, a aquel tiempo donde de placer de
ellos disfrutaba, donde tus labios era la medicina que
aliviaba mis males, poco a poco y sin prisa me detuve
a ver todo tu cuello, y fue imposible no recordar que
a pesar de lo extenso que era no había lugar donde
mis labios no hubieran explorado, -recuerda siempre
que te amo con todo mi corazón- es la dedicatoria
que en el reverso reza, con fecha exacta la recuerdo,¿
es que acaso no te había enterrado por completo?
He descubierto esta noche que aun vives en mí, en
lo más profundo de mi, te creía perdida, pero me
doy cuenta que solo es una imaginación de mi vida,
inconscientemente mis sentimientos se revolcaban
entre las paginas olvidadas de aquel viejo libro, y
recordé sin querer cada uno de los poemas que aquel
contenía, mis recuerdos despertaron húmedos por las
lágrimas del recuerdo que salían de lo profundo de mi
ser, no logro concretar mis ideas y pierdo el objetivo

por el cual abrí aquel dichoso libro, mucho tiempo
ha pasado y mis manos no se cansan de acariciar tu
fotografía, hoy mi corazón acusa a mi razón de hacerle
recordar lo que en un tiempo fue una fantasía.

MUNDO

Existo sin existir,
Vivo sin ni siquiera vivir.
En un mundo que no es mundo,
Si es que así es su definición.

Asqueroso que se revuelca entre miles de pensares
Inmundo que no es mundo,
Mundo que Dios dejo,
Y que la humanidad carcomió.

Deja de llorar mi tierra
Deja de gritar, nadie te escucha!
Nadie se conforma con amarte,
Además de amarte también te ensucia

¿Dónde? ¿Dónde están esos que por ti murieron?
Esos que por ti están olvidados
Fundadores de una tierra nueva
Con sus bases en el amor

¿Que mundo es este?, que no me compagino
Mundo donde todo se ha perdido
Mundo ingrato, ya no me des ese trato
Trato que no he merecido.

Y he de esperar, no he de desmayar
He de suplicar, hasta por los que no
Me han de alegorizar,
Por un mejor mundo,
Para este que se ha perdido.

MEJOR TE PIERDO HOY

Mejor te pierdo hoy,
Que por este camino voy.
Camino de poeta enamorado,
Camino que está siempre desolado.

Hoy es el día que mi adiós te daré
Sin importar cuanto sufriré,
Sin pensar un segundo en la onda herida,
Y tiniebla que quede mi vida.

Mejor te digo adiós,
Y un camino hago entre los dos,
Antes de hacerte daño vida mía,
Y causarte más de alguna herida

Ahora me voy desmesuradamente retraído
Con mi corazón pálido,
Vacío del amor que me diste,
Y que ahora por tus torpezas perdiste

Mejor te pierdo hoy
mejor ahora me voy,
Con mi corazón partido
Y entre mis brazos, tu alivio.

Obseción

En otra vida tal vez te hubiera amado,
En otra vida mejor te hubiera estimado,
Asimila vida mía
Que tú lucha por mí, está perdida

Esa lucha poderosa
Que hasta llego a ser escandalosa
Por todos tus actos impotentes,
Aparentando ser imponentes

No he de ser tu dueño como deseas,
No he de serlo como lo creas.
No importa cuánto tú hagas por mí,
No he de ser tuyo, así lo decidí

Este universo es grande,
Y todos los días se expande.
Busca a otro que te amé,
Y que dormido tu nombre exclame.

Percibe una vez más,
En verdad lo que amas.
Esto no es más que una obsesión
De tu mente, una imaginación.

Date por vencida, de una vez
Y de mi amor, no esperes.

EL ÚNICO PRESO FELIZ
QUE CONOCÍ,
ESTABA PRESO EN EL
AMOR DE UNA MUJER

TODO LO QUE TU MENTE

PIENSA,

SE PUEDE HACER

REALIDAD